JN437163

겨울 나그네를 듣는다

겨울 나그네를 듣는다

조영웅 제15시집

도서출판 천우

● 시인의 말

시(詩)에게 보내는 편지

작은 부스러기 시간 속에 내 영혼이 갇혀있었음을
슬프게 시인하기로 한다.
자기 고백이기도 한 이 진술은
또 한동안 나를 구속할 것이며 나를 갈등하게 할 것이다.
시인한 이상 또한 내 허물이 크므로
작은 정원 하나쯤 가슴에 만들어 놓을 심산이다.
물으면 웃으며 답하지 않으리라.
핑곗거리를 만들며 오래 머물러있지도 않으리라.
나의 수많은 번민이 무모한 엄살이었음을 시인하기로 한다.
잃어버린 것이 많아 아프다.
오늘은 명목적인 가치 속으로 밀어 넣었던 나를 찾아
산길을 걸어봐야겠다.
따뜻한 봄볕 아래 꽃술 한 잔 가득 부어놓고
조용히 〈겨울 나그네〉를 들어보아도 좋으리라.

2019. 6월 老房精舍에서

제1부

나, 저 꽃밭에 묻혀

● 시인의 말

제2부

아침의 노래

제3부

2018년 6월, 서울

제4부

〈겨울 나그네〉를 듣는다

제5부

유배지에서의 사색

제6부

꽃잎을 물고 날아오르는 새

제1부

나, 저 꽃밭에 묻혀

나, 저 꽃밭에 묻혀
며칠만 살다 가도 좋겠네

그대가 꽃이 되고
내가
꽃잎에 머물렀던 가는 바람 되고

그렇게 잠시 떨어져 있다
다시 만나도 좋겠네

겨울 바다 1

제발, 직설적인 화법은 아니어야 해

이름을 부르면 달려와
어색한 몸짓으로 일어서던 서늘한 이마여!
애면글면 깊어지고 그윽해지던
불안한 나의 좌표여!

너는 살아가면서 날마다
바느질처럼 촘촘해지는 시간의 고해성사

겨울 바다 2

사랑은
“떨림”만 있으면 가능할지도 모르겠다
그러나 시(詩)는
“떨림”과 “울림”이 함께 있어야 한다
겨울 바다를 찾아갔을 때도 그랬다
어쩌면 나의 절망을
조금씩 나누어 가질지도 모른다는 생각에
출렁거리나, 내가
깊어져 바다를 끌고 돌아오는 것이었다

새

하늘을 가로질러
발목 없는 새들이 날아간다.
심술부리듯
구름 한번 흔들어놓고
바람이 지나간 자리
보일 듯 보이지 않는 날개가
반짝이며
파란 길을 따라간다.

겨울나무

추워!
따뜻함을 느끼고 싶어
언제나
반대쪽이 그리워
자박자박
우듬지 물오르는 소리
바람 차가운 날
물컹거리는
너의 가슴에 손을 넣고
따뜻함을 느끼고 싶어
추워!

봄꽃 편지

그대 꽃 속에 앉아있습니다

내 마음이
그대에게 닿아있기 때문이겠지요

어느 곳에 가던 꽃이 되는 그대

그리움이었다가, 아픔이었다가
또 보고 싶다가…….

함께 피고시드는
우리의 봄날도 따뜻하겠지요?

개똥철학

할머니가 끌고 나온 애완견이 잔디밭에
개똥을 쌌습니다
며칠 전 식목한 젓은 흙으로 개똥을 덮는군요
개똥을 치우라는 젊은 여자와
옥신각신하는 곁을 지나가다 입이 간지러워
한마디 던졌습니다
"흙이 개똥으로 올게 아니라
개똥이 흙으로 가야 하는 겁니다."
어떻게 되었을까요?
던져놓은 말의 뒷정리가 자못 궁금해집니다

눈물

아프게 우는 너를 보며 생각한다
내가 얼마나 오만했던가
생각이란 것이 또 나를 얼마나
비겁하게 만들었던가
내가 나를 잃어버리고 비틀거린다
세상에 혼자 살아남기 위해
내가 흘린 눈물이 거짓이었구나

나, 저 꽃밭에 묻혀

나, 저 꽃밭에 묻혀
며칠만 살다 가도 좋겠네

그대가 꽃이 되고
내가
꽃잎에 머물렀던 가는 바람 되고

그렇게 잠시 떨어져 있다
다시 만나도 좋겠네

기다림의 대부분은 쓸쓸함이어서

꽃도 쓸쓸할 때 피는가?
슬쩍 질문도 던져보고

나, 저 꽃밭에 묻혀
그리움이 되어도 좋겠네

어디로?

어디로 갈까? 가기는 갈까?
무엇을 들고, 무엇을 하며
어디로 가야 할까?
수많은 손과 발
가벼운 주둥이를 떼어 놓고
우리는 무엇을 해야 할까?
무엇을
어떻게 해야 부끄럽지 않을까?

무섬마을*에서

외길에 서면 내가 단순해진다
생각이 분명해진다
나는 나다. 곁을 돌리지 않고
천천히 걸어
길의 끝까지 가 보고 싶어진다
바람도 비틀거리지 않고
길을 따라 걷는
저 건넛마을에
들꽃처럼
어린 내가 피어있을 듯하다

*무섬마을
외나무다리 놓여있는 마을 이름

산꽃

눈을 감으면 환히 열리는
소리

꽃이었다가
나무였다가
사람이었다가
천천히 흐르는 강물이었다가

마음 안에 고여 있던 핏물
조금씩 풀어놓을 줄도
알아야 하리

미세먼지

더는 참회록을 쓰지 않아도 되겠네
부족함을 스스로 인정하는 것
내가 조금씩 자유스러워질 수 있는
시작이었네
오늘은 미세먼지가 '보통' 수준
흐린 하늘 아래로 달려나가
슬픔이라도 좋을
하얀 메꽃 뿌리 같은 발목을
그대 있는 곳으로 내밀어 봐야겠네

약속

이른 산책길
비 젖어 피는 들꽃

사랑도, 결국
당신이 내게 주신 약속

봄날
꽃 피듯
손잡고 지켜야 할

냉이꽃

하얀 냉이꽃 밟으며
봄나물 뜯으러 갈 때
분홍색 진달래꽃
자꾸 가련해 보여서
나에게 저런 사랑이 있었던가?
서울로 시집간
누님이 생각나네

소수서원(紹修書院)

망문생의(望文生義)
술이부작(述而不作)이라고
말만 앞세우고 다니다가
소수서원(紹修書院)에 와서
입을 닫고
마음을 열어
꽃망울처럼
백운동(白雲洞)
맑은 물소리를 듣습니다

혼술*

공자 맹자 논어 장자 한비자 주역 그리고 고전을
읽었건만
천자문을 현 처세에 맞추어 매끄럽게 설명할 수 없네
현세의 어지러움이여!
사람이 남의 말하기 분주함이여!
아무리 생각해봐도 세상 공부가 자기만족을 아닐 텐데
얽힌 매듭을 풀 수 없어
천년을 살고도 족히 맑고 투명한
저 달이나 바라보며 술이나 한잔하고 져

*혼술
혼자 마시는 술의 신조어

봄

소리 없이 스며들고 있어
작고 고운 싹을 내밀어 숨을 고르고 있어
나의 푸른 손바닥
너의 문신에 닿아 해빙의 강을 건너고 있어
절망의 틈서리마다 핏물이 스미고 있어
아닌 척, 아무도 모르는 척
가슴 부풀어 꽃망울이 터지고 있어

오고 또 가고

간다는 건 보내는 게 아니다
기다린다는 거다
속절없을 이유도
애면글면 살 이유도 없다
꽃도 가고 사람도 가듯
나도 간다
멀리 왔다는 건
뒤돌아볼 거리가 생겼다는 거
그대 있던 둘레가
환하고 또렷해진다
누군가 저만치 오고 있다

동백꽃

내가 온 힘으로 피워 올린 꽃일지라도
너에게 나누어주마
꽃숭어리째 떨어지는 이유
내가 지나온 겨울이 꽃같이 환한 축복이었듯
너의 발자국마다 놓인 뜻이
또한 신의 핏덩어리처럼 거룩하나니

봄눈[春雪]

봄눈 오시는 날
당신이 주고 간 짧은 편지
눈처럼
또박또박 하늘길 걸어
내게 온 당신
또 그렇게 가실 거지만
지금 곁에 있는
당신이 너무 소중해
당신은 눈이
펄펄 내린다고 말하지만
나는, 당신에게
하얀 꽃이 피고 진다고
말하고 싶어요

제2부

아침의 노래

나뭇잎이 커다란 잎맥을 활처럼 굽혔다
일으키며 오래 떨리고
풀잎은 몸을 잔뜩 움츠려
여자처럼 떨어진 물방울을 온몸으로 받는다
너와 내가 날마다 주고받았던 짧은 이별과 순간의 만남,
한줄기 따뜻한 빛이 이런 것이구나

봄이 오는 소리

베란다 창문 옆에 놓아둔
화분에 물을 준다
화초가 물을 빨아 당기는지
흙 속으로 물이 스며들어 가는지
쪼록쪼록
아이 젖 빠는 소리가 들린다
알을 깨고 나올 때
어미 닭이
바깥세상의 문을 열어주듯
파악! 팍, 실핏줄 터지는 소리
내 머릿속에
피가 돌기 시작한다

낙화(落花)

아아! 참, 눈 시려 저 꽃 속의 길이
누군가 걸어가고 또
걸어오는 길
소리도 형체도 없는 슬픔이 또 그리움이
피었다 사그라지는 곳
아아! 가슴이 잘려나가듯 또 슬프고 아파
누군들 그렇지 않았을까
누군들 또 그렇게 슬그머니 왔나가
돌아서지 않았을까
아아! 참, 쓸쓸해 저 꽃 속의 길이
그대가 걸어가고 또
걸어오는 길
잊었다 싶어지면 그리움이 또 슬픔이
물컹거리며 만져지는 곳
아아! 그대 있어 더 눈부신 슬픔 덩어리
꽃 지듯 아파!

봄날 서정(抒情)

따뜻한 햇살 마차를 타고 푸른 치마 슬며시 끌며
저 봄 오시네
어둡고 춥던 겨울의 가슴을 풀어헤치며
마른 들판 가로질러 푸른 꽃신을 신고 오시네
여린 가지 끝에 초록 진주 부드러운 빛으로 열리고
새들이 날아올라 하늘에 꽃바람 가득하네
나뭇가지를 쪼다 돌아간 참새들의 수북한 주둥이
어둠이 밀려들면 미처 하지 못한 말
부끄러움이 천천히 없어지고 용기를 내는지
가지마다 입을 열어 쫑알쫑알 푸른 바람 소리를 내네
하얀 발목을 걷어 올리고
눈부시게 들판을 달려가던 시냇물은
따뜻한 햇살 속으로 두꺼운 겨울옷을 벗어 던지고
말간 속살 붉은 싸릿종아리
푸른 들판 속으로 몸을 비비며 가네
회오리바람 부풀어 출렁거리는 햇살 속
꽃잎 타는 첫사랑,
마른 갈대 불붙듯 술렁거리는 마음 끌고가네

우통수(于筒水)*

세상이 천천히 흘러 하늘로 걸어간다
물은 천천히 흘러 산으로 간다
바람은 또 천천히 불어
나뭇잎 속으로 내가 스며들어 간다
저, 눈꽃 뼈가 시려 눈을 감으니
몸 안의 둘레가 환하다
아무것도 남아있지 않다는 듯
생각 없이 놓여 흐르는 바위면 되었다
지금 이 순간 한 호흡이
물 갈피 속에서 잠시 멈췄다 가는
쉼표였으면 되었다
산의 갈피 속에 껍질을 내려놓는
시들은 상수리나무 이파리면 되었다
처음 시작이 맑고 깨끗해
섞이지 않고 고독한
청정심에서 발원한 멀고 먼 물의 여정

* 우통수(于筒水)
강원도 평창군 진부면 오대산에 자리한 한강의 발원지

시(詩)에 관한 말장난

들꽃같이 뒤틀리고 돌보지 않는 시(詩)를 쓰고 싶다
그것도 시(詩)냐고,
시시해서 눈 뜨고 못 봐주겠다고 투덜거리다가도
그놈, 신기한 생각을 하네
마음 가벼워 풀잎처럼 흔들릴 때
잠시 속는 셈 치자
남의 일처럼 뒤적거리는 그런 볼품없는 시(詩)를 쓰고 싶다
빙빙 돌아가지 않는
솔직해 속이 환히 들여다보이는
가벼워 같이 놀아주고 싶은, 생각이 그리 깊지 않은
남의 허물이 아닌 나의 고백
드러내놓고 가끔 욕을 얻어먹어도 좋은 시(詩)
아무 데나 막 굴러다니다
보는 사람이 임자인
시인에게 시(詩) 같지 않은 그런 시(詩)를 쓰고 싶다

나무 1

산을 오릅니다

발목을 푹신하게 덮어주는 낙엽을 밟으며
나무 아래를 지나다가
갑옷처럼
엉클었고 단단한 소나무 껍질을 만져봅니다

저, 나무 한 그루 한 그루가 모두
나와 같은 인생입니다

쉼표처럼
묵언(默言)으로 서 있는 나무 곁을 지나며
가빠진 호흡을 고루어봅니다

그대, 세상살이 많이 어렵지요

저, 나무 말없이
고행의 한 굽이를 지나고 있습니다

나무 2

상심하지 말고
한철 버텨보는 거라고

이런 나도 사는데
힘내라고
내려가 잘살아 보라고

푸른 이끼 두르고
온몸 뒤틀며 올라가는
자네

오며가며
기특하다 생각하지만

슬쩍슬쩍 눈물 뿌리고
돌아가는
내 마음을 아시는가

아침의 노래

아침 해 떠오르자
나뭇잎 위에 물방울이 투명한 몸을 벌레집처럼 궁굴려
또르르 풀잎 위에 떨어진다
나뭇잎이 커다란 잎맥을 활처럼 굽혔다
일으키며 오래 떨리고
풀잎은 몸을 잔뜩 움츠려
여자처럼 떨어진 물방울을 온몸으로 받는다
너와 내가 날마다 주고받았던 짧은 이별과 순간의 만남,
한줄기 따뜻한 빛이 이런 것이구나
눈부신 날개를 달고 날아오르는 물방울이 수없이
자기 몸을 깨뜨리고 나와 상승한다
내 몸의 근육이
팽팽하게 당겨졌다 거품처럼 가라앉는다
누군가를 껴안는다는 건 내 마음의 일부를 비우는 거
그대가 마음속으로 나를 받아들일 때
따뜻한 이유일 것이다
아침 해 떠오르자 숲이 숨쉬기 시작한다
순간, 풀잎이 근육을 밀어 올리고 뿌리가 꿈틀거린다
어두운 숲에 따뜻한 피가 돌기 시작한다

낙엽에게

들리는 소리 나의 뜰에 바람이 아니다
길은 열려있으나
걸어가는 사람이 날마다 다르구나
움켜잡은 것은 빈주먹뿐 손에 잡힌 것 없어
주머니 속에 넣어둔 손과 같이 오늘의
따뜻함도 한순간
우리는 겨울 들판에 나무로 서 있구나
나뭇잎 모두 떨어뜨리고
새봄을 기다리는 겨울나무처럼
뿌리여!
오늘 밤 싸늘한 거리를 헤매다 돌아오는
고독한 종족의 전사여!
준비 없이 찾아오는 아침이 어디 있었던가
우리의 시간은 아직도 지독한 어둠,
나의 뜰에 부는 바람조차
고향의 봄바람처럼 따뜻하지 않구나

첫사랑

후미진 골목길 안쪽에 그녀가 산다
눈물이 많은 그녀
커다란 볼우물 가득 우수를 채워가지고 다니는 그녀
그녀가 지나간 골목에는
뜨거운 한여름에도 흰 눈이 내리고
추운 겨울에도 샐비어 붉은 꽃잎이
담 밑을 따라 활짝 피어난다
누구나 사랑 하나쯤 가슴에 담고 사는 것이
축복이어서
어쩌다 가끔 가로등 불빛이 어두운 골목에
나무처럼 말없이 오래 서서
그녀가 걸어 들어간 골목 안쪽을 바라보는 것도
따뜻한 사랑이어서
후미진 골목길에는 오늘도 바람이 불고
낡은 기둥에 걸린 주마등처럼
짐승으로 웅크린 내 추억이 깃들어 산다

달팽이

먼 길 여행을 시작했다
가다가 물기가 말라 죽을 수도 있으리라
얼마 남겨두지 않은 숲속 길
아득한 안개 너머
목적지를 앞에 두고 사고를 당할 수도 있으리라

순간의 목숨이라는 게 얼마나
잔인한 것인지
꿈은 있었으나 한 때 사라지는 것
길은
길고 멀리 가는 것이 아니라는 것을
알게 되었을 때
단단했던 나의 집을
벗어나야 해

나는 시작했다
사막같이 메마른 땅, 아직 습기가 남아있을 때
몸이 천천히 말라 들어가기 전
목숨이 살아있는 오늘 아침
나는 출발했다
다시 일어나 걸어가기 시작했다

사과나무 목욕탕

햇살이 그녀를 한입 베어 물었다
으깨어 씹힌 그녀의 젖은 몸에서 사과 향이 났다
그녀의 깨끗한 몸은
씨앗을 받을 준비가 되었다
머리카락은 더듬이처럼
발광체가 되어 꿈틀거리기 시작했다
바람이 칼금을 긋고 간 지구의 한쪽 갈비뼈에서
맑고 흰 피가 쏟아졌다
햇살에 눈을 찔린 그녀가 비틀거렸다
너무 눈부셔!
푸른 사과나무 잎사귀에 박힌 화살이
윙윙거리며 떨고 있을 때
그녀 검은 안경을 꺼내 쓰고
천천히 세상 속으로 살을 밀어넣기 시작했다
내 몸의 지배자는 누가 될까
그녀가 깨문 햇살의 아랫입술 사이로
흘러나온 향기가
7월의 사과나무 숲으로 스며들고 있었다

거절

자꾸, 아프다
아이들의 부탁을 거절하고 돌아서니
내내 마음이 편치 않다
사는 건 같은 데
살아가는 방식이 다른 것 같아 우울하다
혼자 사는 세상이 아니니
아픔도 이겨내는 법을 배워야 한다고
애써 마음 다독여본다

낙엽

당신이 내 몸을 어루만지며
쓰다듬어주지 않는데
어찌
당신의 거친 황무지를 물소리로 흐르겠어요

당신이 주신 바람 한 올에도 소스라치며 놀라
수천 번 몸 뒤집으며 떨어지는
쓸쓸하고 충만한 나의 살방에 대해
그대 알고 계시나요

당신의 사랑이 내 생명의 전부이듯
나 또한 당신의 주변으로 억세게 뿌리 뻗어가는
나무 같은 사랑,

당신이 내 이름을 불러주지 않는데
어찌 제가
당신의 이름을 알 수 있겠어요

아버지의 유서(遺書)

거칠고 단단해진 나무 몸뚱이를 쓰다듬는다

말랑말랑한 물관이었을 너
몸뚱이 밖으로 튀어나온 나무줄기가
힘없이 부러지고

폐허가 된 신전처럼
텅 빈 몸뚱이 위로 나뭇잎 한 장 떨어진다

너는, 오래된 나무처럼
뒤틀리고 앙상해진
아버지 관절을 쓰다듬어 본 적이 있느냐고 묻는다

바스스 부서지는 나무 몸속으로
햇살이
시간의 꼬리지느러미를 물고 반짝이다
사라진다

떨어진 나뭇잎 한 장
누덕누덕 평생을 기워 입고도 버리지 못한
아버지의
낡은 유서 같다

꽃잎
—중년의 남자는 가끔 비틀거린다

하얗게 눈이 내린 길 위에
나란히 찍힌 발자국

남자의
발자국 하나가 뒤를 돌아보고 있습니다

비틀거리지는 않았는지
그대를 앞에 앉혀놓고 망설이지는 않았는지
오래 기다리게 하지는 않았는지

참회록을 쓰는 선비같이
웅크리고 앉아
곰곰이 걸어온 길을 돌아보고 있습니다

하얗게 눈이 내린 길 위에
나란히 찍힌 발자국

길 위에 눈은 내려 쌓이고
몸이 얇은 남자
흰 꽃잎처럼 몸을 일으키다 휘청거립니다

두루치기*

겨울인데…….
반팔차림의 아내가 꼭두새벽부터
냉장고 묵은 김치를 꺼냅니다.

두루치기에는 묵은 김치가 제격이라고
냄새를 맡아보며
듬성듬성 썰어 넣습니다.

한해가 지나가도 시간은 저리 남는구나.
가끔, 입맛을 돋우듯 식탁에 올라
가족의 따뜻한 양식이 되어주는구나.

춥지 않을까…….
슬그머니 딴전 피우며
털 양말과 조끼를 아내 곁에 가져다 놓습니다.

슬쩍 돌아다보는 아내 얼굴이
5월에 핀 장미꽃보다 아름답습니다.

*두루치기
김치에 돼지고기를 넣고 볶는 요리

행복 1

행복하다.
그냥, 행복하다.

볼 수 있으니
말할 수 있으니
생각할 수 있으니

눈물이 있어
너를
더 깊게
사랑할 수 있으니

행복하다
정말, 행복하다.

행복 2

아는 척하는 것 말고
다 모르는 나는
행복하다.
내가 나를 모르니
세상을 다 아는 것 같아
행복하다.

행복 3

행복하면 그냥 웃는다

누가 말하지 않아도
누가 물어보지 않아도

너희가 내 곁에 있구나

내 곁에서
함께 웃고 있구나

행복하면 눈을 감는다

더,
소중한 것이 없어서
더,
보고 싶은 것이 없어서

제3부

2018년 6월, 서울

막걸리 쏟아진 고향집 탁자 위에
안줏거리 밖에 되지 않던 나의 진실아, 뜨거운 눈물아,
진실 아닌 것들이 진실처럼 이글거리던 거리의
촛불아, 은밀한 거래의 눈빛아,
거짓말이 진실처럼 어슬렁거리며 걸어 다니는 슬픈
광화문 뒷골목에 떨어진 별똥별들아,

날개

나의 겨드랑이에 비늘이 돋기 시작했어
암처럼, 바이러스처럼
아기장수처럼
은밀하게 침투한 상상이 집을 짓고 알을 까고
반항의 성을 쌓고
바깥의 소리를 듣기 시작했어

꽃구경

가슴으로 트는 숨비소리
하늘에서 눈 펄펄 날리는 것도
땅 위에서 한바탕 장구 치듯 휘몰아 사는 것도
모두 한겨울 참았다 터트리는
꽃망울 같은 것
순간에 피었다 화르르 지는 일 말고
또, 무엇을 바라 살았던가

조율(調律)

정숙하다
무위(無爲)로 없는 듯 있다
시간이 지나갈 때
잠시 흔들릴 뿐
주인 없는 풍경 속에 있다

그냥 그립다

이유가 있어 그리운 것이 아니라
그냥 그립다
그리워한다고 말하지만 또한
내 절망을 덮는 일
그대 오지 않아도 내가 그대에게 간다
돌아올 것을 기다리면
죄가 되는
사랑과 그리움은 언제나 일방통행
나는 그냥 그대가 좋다

뱀

뱀의 허물이 한 움큼 잡힌다
어딘가에 있었을 것이다
어딘가에 숨어 날카로운 눈알을 번들거리며
나를 쏘아보고 있었을 것이다
내 몸 깊숙이 숨어 날마다 나를 속이고 살았던
위선의 비늘을 번들거리며
은밀하게 허물을 벗고 있었을 것이다

들개

날아가다가 멈춘 새에게 희망을 얘기합니다
그 희망은 전깃줄일까요
욕심 많은 사람은 언제나 시한부의 희망을 얘기합니다
생명은 시한부겠지만
생각은 시한부가 되면 안 되겠지요
정치인의 생각은 언제나 하나뿐입니다
희망이 이뤄지면 이미 희망이 아닙니다
그들은 철 지난 과거를 붙잡고 희망이라고 말합니다
이미 절망이 되어버렸는데 말입니다
희망은 이뤄지지 않은 무한대의 열린 공간을 말합니다
희망은 언제나 새로운 길을 만듭니다
시한부의 인생을 살아가는 저들에게
희망을 함부로 말하며
우리를 절망하게 만들지 못하게 해야겠습니다
이미 그들은 풀려난 들개입니다
우리는 그들을 국개의원*이라고 부릅니다

*국개의원
무능한 국회의원을 칭하는 비속어

해맞이

1.
당신, 나와 함께 해 넘기는 사이가 될래요?
동쪽 바다 해맞이 가자며 하던 말입니다
오래 사귀면 정도 깊어진다고
넘는 해 넘기지 못하고 돌아서던 그 사람이
자꾸 생각납니다

2.
당신, 나와 같이 해 맞는 사이가 될래요?
서쪽 바다 해 저무는 풍경을 바라보면서
말을 바꿔봅니다
그대, 잘 계시지요?
가고 오는 해 오늘 밤 창문을 열어봅니다

야행(夜行)

사람이 적은 마을에 살아요
나무 풀 꽃 새 짐승 이런 것들과 살다 보니
가끔 헐값으로 팔려나가지만
밤이 되면
야행성(夜行性)인 나의 뿌리는
사람이 잠든 마을로
어슬렁거리며 걸어 내려와
잃어버린 낱말 몇 개를 줍기도 하지요

아내

나와 다른 사람
반평생 넘게 몸 섞으며
살아온 사람

꽃이 제각기 피듯
모양도 다르고
생각도 달라

다르게 사는 모습이 신기해
말없이 지켜본다

아름다운 꽃이다

쓸쓸한 다비(茶毘)

저, 꽃잎
자동차가 바람을 일으키며 지나가자
한꺼번에 일어나
회오리치며 따라간다.
마치, 장엄한 의식이라도 치르려는 듯
한군데 모여 웅성거리며
모닥불을 피워놓고 수군거리더니
길이 정해지지 않았던지
작은 바람 스쳐 가니
화두라도 꺼내든 양 한꺼번에 일어서
부딪치며 뒤엉켜 안으며
길 잃은 소처럼
뜨거운 화엄(華嚴)* 의 세상으로 간다.

* 화엄(華嚴)
만행과 만덕을 닦아서 덕과를 장엄하게 함

2018년 6월, 서울

누가 깃들어 살던 집인가?
선전 구호처럼 바람만 기웃거리는 뜰에 풀만 무성해
사람은 보이지 않고
꽃잎이 떨어진 울타리 안이 텅 빈 무덤처럼 고요하다

막걸리 쏟아진 고향집 탁자 위에
안줏거리밖에 되지 않던 나의 진실아, 뜨거운 눈물아,
진실 아닌 것들이 진실처럼 이글거리던 거리의
촛불아, 은밀한 거래의 눈빛아,
거짓말이 진실처럼 어슬렁거리며 걸어 다니는 슬픈
광화문 뒷골목에 떨어진 별똥별들아,

나의 가슴은 6월의 봄처럼 뜨겁게 살아남아 있는가?
희망이 사막의 낙타 뼈처럼 흩어진 광장에
구겨진 언어가 불온선전문처럼 남아
부유물처럼 출렁거리며 취한 몸을 일으켜 세우며
한쪽 구석으로 몰려가 수런거리며 생존을 확인한다

지붕이 무너진 가슴 속에서 70도의 고량주처럼
불이 확확 붙었다가
뼈를 태우고 살을 태우고 쓰러진 사막의 낙타처럼
무장 해제된 그 집 마당은, 그날의
광장처럼 온통 붉은 장미꽃 그늘에 덮여 어두웠다

잡초

남새밭에 풀을 뽑는다
누가 잡초라고 이름 붙였을까
잡초는 썩어야 비로소 거름이 된다
그 남자도 누군가를 위하여 죽고 싶었을까
죽어서 빛이 나는
낯선 이름을 가지고 싶었을까
살아있는 자의 죄라면
죽은 자의 이름을 승낙 없이 붙인다는 것이다
아버지가 아들의 이름을 지어주듯
관념을 포장하여
살아있는 자를 위하여
죽은 자의 이름을 깃발 끝에 꽂는다
하루의 푸른 식욕을 위하여
절차 없이 너를 지운다

그리워진다

그리웠던 것이 자꾸 지워진다

그러하므로
새로운 것을 만들려고, 오늘
길을 나서는 것일까?

자꾸 가벼워져,
자꾸 허전해져, 무작정
길을 나서는 것일까

지나간 것이 자꾸 그리워진다

돌 그림

그 여자 돌 위에 꽃그림을 그린다
순간 주변이 술렁거리며
구절초 향기가 개울물 위를 스쳐 지나간다
천천히 붉은 피가 강물 위에 번진다
누구인가?
깊은 상처 속에 문신을 새겨 넣는 사람은,
향기 속에 갇힌 돌이
꽃씨처럼 길 위에서 비틀거린다
한번 베인 상처는 쉽게 아물지 않았다

가을에는

결혼보다 연애가 더 즐겁다
그러나 연애보다 사랑이 더 소중하고
포괄적이다
화려하고 즐거우려면 연애를 하라
귀하고 소중한 것을 찾으려면
사랑하라
사랑은 연애보다 이상적이지 않지만
더 구체적이고 상호보완적이다
우린, 이걸 자꾸 잊고 산다
이 가을에는 연애를 하라
그리고 열매처럼 단단하고 향기로운
사랑을 하라

노크

젊은 여자
문을 똑똑 두드리며 간다
비 내리지 않는 길
우산을 돌돌 말아 감은 젊은 여자
위치를 확인하는 듯
또각또각
쓸쓸한
나침반을 돌려놓으며 간다
바람에 날려 펄럭이는 시화(詩畵)가
듬성듬성 걸려있는 길
슬픔을
놓고, 확인하며, 밟으며
젊은 여자
비틀비틀
가을 길을 지우며 간다
깊게 파인
고독의 그림자를 짊으며 간다

변명

욕망을 버리지 못하는 사람이
요괴이구나
지옥이구나
내가 천국인 줄 뻔히 알면서
욕망을 키우며 사는
몸 안에 수많은 작은 변명이
요괴이구나
지옥이구나

가을비

가을비에 젖어볼까나
젖어
붉게 물들면
환했던 얼굴 수그리고
조금
부끄러워질거나
그럼
내 마음이 뜨거워지고
꽃도 시들어
씨앗처럼
그리움 한 움큼
빈자리에 남으려나

쌀벌레

벽에 기대어놓은 쌀자루에서
알을 깨고 나온 벌레가
밤새 벽을 타고 기어오른다
참, 먼 길이다

베란다 창틈으로 기어든 거미가
밤새도록 방안에
희고 가는 거미줄을 쳤다
참, 눈물 나는 생존이다

나라에서, 오늘
또 서민주택 정책을 발표한단다
예산을 지원한다는데
누구에게 주는지
부른 배만 더 고프겠다

어디로 갈까?
아무리 둘러봐도 갈 곳이 없다
일자리가 없다
다시,
새끼 치고 깔 틈이 없다

한번 물어봅시다

줄 없고 비빌 곳 없는 국민 진짜 살기 힘들다.
경제적 수치와 통계가 낮고 어렵게 나왔다.
옳지 않다고 내쫓았다.
무엇이 잘못되었단 말인가?

빽 없고 일 없는 국민은 더 살기 어려워졌다.
경제적 수치와 통계가 좋고 살만하다고 나왔다.
살했다고 높은 자리에 앉혔다.
무엇이 바르고 옳다는 말인가?

노조와 교조는 높은 연봉 받고 이 말 저 말 다 하는데
진짜 노동자 고향 가기 틀렸고
매년 나오던 명절상여금은 국물조차 없단다.

한번 물어봅시다.

누가 옳은지?
누가 그 자리에 남고, 누가 쫓겨나야 하는지?
가도 너무 가는 건 아닌지?

제4부

〈겨울 나그네〉를 듣는다

하얗고 조각난 날카로운 사랑과 배신의
사금파리 모서리에 베여 흐르는
선연한 핏방울을 생각하기 때문이 아닌가
마치, 겨울처럼 싸늘한 세상에
혼자 놓여있는
시인이나 작곡가처럼 쉽게 부서지고 깨어지는
자신의 처지와 같기 때문이 아닌가

꽃 몸살

가끔 두통이 있다
커피를 마시면 가슴이 두근거린다
가끔 가슴이 뻐근하게 아파와
숨 조절을 할 때가 있다

몸뚱어리가
봄바람을 타는가 봅니다
흔들립니다
그냥 아픕니다
벚꽃이 피는 봄날,
가슴을
마음이라고 읽고 있는 울렁거림이
자꾸 밖으로
몸을 불러냅니다

이곳저곳 없이 자꾸 욱신거립니다
꽃도 봄을 타듯
아파, 붉고 아름다울까요?
시간을
계절로 읽고 있는 몸뚱이가
아프지만
눈부시게 환한 꽃 몸살입니다

응시(凝視)

냉정한 눈빛으로 살펴보고 비판할 것
그러나 절대 비관하지는 말 것,
그대, 그것, 그 사람, 그리움
그런 것 모두
나의 인생을 결정할 큰일이 아니므로

무궁화열차

아내가
내 몸과 내 마음이 되기까지
40년이 걸렸다.

아내는 아직도 내가 낯선 모양이다.

얼마나 더 걸릴까?

내가 모나고 부족한 탓이겠지만

오늘도
무궁화열차처럼 덜컹거리며
천천히
먼 길을 가고 있다.

클래식(Classic)*

클래식은 졸면서 들어야 한다는 걸
처음 알았다
흘러가듯 가볍게 귓전에 던지는 꿈결처럼
들어야 한다는 걸
처음 알았다
한 줄기 바람에도 오래 떨리는 풀잎처럼
가슴으로 들어야 한다는 걸
처음 알았다
사람의 가슴 한구석
느낌으로 듣는 푸른 귀가 있다는 걸
처음 알았다

*클래식(Classic) : 서양의 고전음악

좋은 아침

내 마누라
코를 골며 늦잠 잔다

예쁘고
기분 좋다
창문으로 들어온 햇살 아래
저리 편하게
잠들 수 있다니
평온하다

정말, 좋은 아침이다

세무조사 1

영세상인, 소상공인, 세무조사 면제한단다
해봐야 남는 게 없는데
조사 면제가 무슨 혜택이란 말인가
마음 놓고
열심히 장사를 잘하게 해야 하는 거다
아르바이트 학생은 일을 하고
주인은 더 큰 일을 찾아 돈을 벌어야 한다
주인이 가게를 보면 3개를 잃는다
누구는 자리를 잃고, 누구는 할 일을 잃으며
모두 돈을 잃는다
손바닥으로 하늘을 가리는 뻔한 얘기로
사람을 속이려 하지 마라
세무조사도 받고 세금도 낼 테니
일을 할 수 있게 해 달라
사람을 쓸 수 있게 해 달라
이에 앞서, 나라는 제발
쓸데없는 짓으로 일자리를 빼앗지 마라

세무조사 2

일삼아 데모하는 사람
무슨 돈으로 먹고살까?

광화문 앞, 청와대 앞
국회의사당 앞
검찰청 앞, 법원 앞

아무리 둘러보아도
배후가 보이지 않는다.

매미

하늘이 희망이라는데
나에게는 그물이었고 죽음이었구나
하늘 끝만 바라보고
날아올랐던 저 높고 푸른
어둠의 오랜 고통도
맑고 투명한 하늘로 날아오르기 위해서가
아니었구나
나무에 기어올라 한 철
노래 부르다 사라지면 그뿐인 길
희망도 과욕이었구나

가뭄

땅이 뜨거운 하늘을 껴안았다
젖먹이 아이가
엄마 품에서 떨어지지 않으려는 듯
풀이
마른 땅을 꽈악 움켜쥐었다
사막이 되지 않으려고
시들어 죽지 않으려고
개미가
갈증을 달래고 있는 풀뿌리 아래
집을 지었다
결국, 우리는
존재하는 것이 아니라
무엇에 기대어 살아가는 것이다

나팔꽃

묘사(描寫)라고 생각하겠지만
말장난이다
정말, 덧없다
말과 글이 7월에 쇠파리처럼
썩은 곳에
알을 까고 있었다니
붉은 꽃 앞에서 부끄럽다
나팔꽃처럼
세상을 비틀고 올라가는
아침 한때를
경전처럼 쓸쓸히 지켜보는
내 몸을
바짝 오므려
꽃잎처럼 말아 올리고 싶다

들꽃

길을 가며
들꽃에게 말을 건넵니다

살아줘서 고마워
곁에 있어 줘서 고마워

밤새 쏟아진 별이
꽃으로 피어

들판에
맑은 웃음소리 가득합니다

사무사(思無邪)

사무사(思無邪)하다는 것
시경이나 문학 또는 학문적인 정의가 아니라
고향을 생각하는 마음이며
고향같이
더블어사는 사람과 사물을 넓게 포용하고
아끼는
자연친화적인 삶의 뼈대일 것이다

단풍(丹楓)

어제 먹은 술이 덜 깬 사내가
붉은 얼굴로 떨어져 내린다
늦가을 서리란 이렇게 무거운 것이었구나
뚝, 떨어져 내린다

사내의 얼굴이 젖어있다

"아버지,
물려준 가게를 지키지 못해 죄송해요.
땀 흘리면 바보가 되는 나라,
아버지에게 변변치 못한 자식이 되니
자식에게도 떳떳하지 못한 아비가 되네요."

고개를 푹 숙인 체
납골당 앞에서 부처가 된 사내,
얼핏 바람이 불자 어림없다는 듯
미동조차 하지 않는다

돌아갈 곳이 없는 사내,
며칠 울었다 가려는 듯 손님이 없는
텅 빈 뜰에
심장을 쏟아놓고 붉게 운다.

클래식음악회

클래식 음악은 눈을 감고 듣는다고 말했더니
졸리느냐고 물었습니다
눈을 감으면 어둡고 깜깜할 것 같지만
보이는 눈이 없어야
들리는 귀가 하얗게 열린다고 말했더니
왜, 그리 시골이냐고 말합니다
말은 소리에 가깝고, 글은 생각에 가깝지만
클래식 음악은
말과 생각의 경계를
자유롭게 넘나드는 날개가 있는 것 같아
부드러워 자꾸 잠이 와
피익~, 억지 같지만 "인정" 하면서
하늘을 올려다보는 그녀의 눈 속 깊이
별이 유난히 맑고 아름다운 밤이었습니다.

밤의 사색

표정을 감추지 않는 밤의 얼굴이 정직하다
거짓되거나 위선 되게 치장하지 않은 어둠이 맑고 깨끗하다
저 깊은 속으로 무엇을 덮지 못하겠는가
검은 두건으로 어떤 풍경인들 편히 잠들게 하지 못하겠는가
보이는 것이 허상임을 단순하게 가르치는 것
모든 색이 눈이 어둠 속에서 맑고 또렷하다
빛으로 세상을 가르치는 이여!
날마다 밝은 배경 속에 어둡고 우울한 그늘을 만들어 들여다보는 이여!
어둠의 품속은 고요하고 아늑하다
모든 생명은 움직임을 멈추고 고요한 성찰의 시간을 갖는다
단순하고 또 단순해 정직한 이여!
오롯이 내 몸을 찬찬히 더듬어 다시 환한 곳에 서게 하는 이여!
햇빛 속에서 들여다보는 밤의 아랫도리가 맑고 뜨겁다
검은 눈으로 세상을 내다보면 환하고 아름답다
아픔 뒤에 찾아오는 너의 소중한 사랑처럼 진하고 차갑다
빛 속에서 어둠을 들여다보면 온통 어둡고 쓸쓸하다
세상을 보는 눈이 편협하다
햇빛은 맑고 환함을 가려 그림자를 만든다

나무 분재(盆栽) 1

시간의 강을 거슬러 오르는 일이란
내 몸의 관다발을 한 줄씩 뽑아
사막에 성채(城砦)를 만드는 일,
게으름을 피우는 동안
마르고 시들어 떨어지는 건 나의 몸이었던가
푸른 가시에 찔린 권태가
와디*처럼 뜨겁게 살아 꿈틀거린다

* 와디(Wadi) : 사막의 마른 하천

나무 분재(盆栽) 2

게으름을 피우는 동안
아하, 이것 봐라!
뾰족한 가지 끝으로 밀어 올리는 푸른 싹
때 묻은 소맷자락으로
쓰윽, 남루한 생각의 입술을 닦으며
걸어오는 나무
어두운 밤하늘을 베고 가는 초승달처럼
상처가 아문 몸에서
풋것의 초경 냄새가 난다

중요한 사랑

사랑과 당신 중 하나를 선택하라면
당신을 선택하겠습니다

당신 곁에 누군가 서 있어야
온전한 사랑이 되기 때문입니다

사랑은 가는 길만 있는 게 아니라
오는 길도 있기 때문입니다

사랑이 중요하지만
사랑은 당신을 대신하지 못합니다

한쪽으로 가는 사랑은
돌아오지 않는 길처럼 위험합니다

사랑은 아름답지만 어떤 사랑이
구속되기를 원하겠습니까

하나를 선택하는 사랑은
가시를 품은 꽃처럼 상처를 줍니다

꽃말

넘어오는 저 꽃
나의 첫사랑이 그랬다
한눈파는 사이
울타리를 넘어오듯
슬그머니 경계를 허물고 들어와
나의 일부가 되었다
아름다운 꽃이라고 어찌
가시가 없겠느냐
사랑한다고
어찌 상처가 없겠느냐
그래도, 사랑한다
사랑하겠다
그 꽃 옆을 지나며
나도 슬그머니 꽃말을 적어
너에게 보낸다

겨울 나그네*를 듣는다

사금파리가 서걱거리며 어금니에 침이 고이도록
서늘하게 다가오는 까닭은
살이 베어져 흐르는 피를 연상하기 때문이 아닌가
하얗고 조각난 날카로운 사랑과 배신의
사금파리 모서리에 베여 흐르는
선연한 핏방울을 생각하기 때문이 아닌가
마치, 겨울처럼 싸늘한 세상에
혼자 놓여있는
시인이나 작곡가처럼 쉽게 부서지고 깨어지는
자신의 처지와 같기 때문이 아닌가

오늘 밤,
슬픈 그리움의 조각 같은
뮐러의 시에 슈베르트가 곡을 붙였다는
〈겨울 나그네〉를 듣는다.

*겨울 나그네 : 슈베르트가 작곡한 24곡으로 구성된 연가곡

제5부

유배지에서의 사색

꽃잎을 떨어뜨리고 문풍지를 흔들고
바다의 물길을 송두리째 뒤집어놓아도
길이 없어 더욱 또렷한 배반의 섬
절망이 위안이 되는
절해고도(絶海孤島)에 뚝 떨어져나와
나를 버리고 너를 생각한다

꽃샘바람

시어머니가 며느리 미역국을 끓인다.
보약 한 제 제대로 사주지 못한 처지라
미역국이 보약이라고 두 달 넘게 정성이다.
며느리는 아들의 무성의함을 고하느라
시아버지와 투정 담화가 한창인데
봄은 봄이로구나!
바깥세상에 여기저기 꽃피어 요란하고
꽃샘바람 방안에 스며들어
며느리 답답한 입을 열게 했으니
이것이 사랑이로구나!
싱그레 웃으며 고개 돌려 바라보니
잠든 아가 얼굴이 복사꽃처럼 활짝 피었다.

고백

나는 생각이 많고
비밀이 많은 사람을 싫어합니다.
단순하다고요?
단순한 것보다 더 진실한
철학을 본 적이 없습니다.
생각의 차이라고요?
이렇게 묻고 싶습니다.
생각은 온전히 당신의 것인가요?
생각이 곁에 있는 당신에게
손 내밀지 못하면
슬픔이 됩니다.
나의 고백이라면 믿겠습니까?

봄의 향기

키 작은 상수리나무 오솔길
봄비 내리자
숙성된 갈잎의 잔을 건넵니다.

겨울이 벗어놓고 간
속옷 빛 진달래 꽃잎을 띄워
마시는 산의 체향,

그대 곁에 있어 더욱
소중한
푸르고 진한 그리움 같습니다.

유배지에서의 사색

스스로 나를 가둔 감옥
나를 위리안치(圍籬安置)시키고
그대를 불러들이는 어깃장의 귀양지
버려야만 오롯이 남아
그대를 지독하게 만나볼 수 있는 곳
밤마다 바람이 불어와
꽃잎을 떨어뜨리고 문풍지를 흔들고
바다의 물길을 송두리째 뒤집어놓아도
길이 없어 더욱 또렷한 배반의 섬
절망이 위안이 되는
절해고도(絕海孤島)에 뚝 떨어져나와
나를 버리고 너를 생각한다
오롯이 오늘만 살아있기를
태양은 남의 일처럼 하늘에 떠 있기를
그러나 슬프지 말기를

낯선 별에서

별은 반짝이며 빛난 적이 없다
별이 구름에 가려 눈을 감을 때 반짝이듯
우리는 누군가를 만날 때
낯설음으로 흔들린다
먼 길을 달려온 고독한 여행객처럼
잠시 스쳐 지나가는 인연도
누군가를 그리워해 본 사람에게는
희망이 되는 것이다
우리에게 흔들림은
낯선 우주에서 빛나는 별이 된다

시를 쓰다

행간을 읽으면서
백지같이 하얀 고백의 묵언을 들으면서
나와 다른 너를 이해하기 시작했다
때로는 말줄임표가
나를 아득한 공간으로 끌고 들어가 막막하게 했지만
어둠을 뚫고 새살이 돋아나곤 했다
존재를 인식한다는 것은
나를 둘러싼 넓은 공간을 읽기 위해 나를 놓아버리는
신체 포기각서와 같았으므로
행간 속에 나를 던져놓고 지켜보는 것이 전부였다
글을 쓰기 위해서
빼곡히 들어찬 종이 위에 기록된 나의 비망록을
먼저 버려야 했다
저, 스멀거리는 징그러움을 어찌 견디며 살았을까
나의 이력이 하나씩 지워질수록
차라리 행간 속에 나를 가두는 일이
현명한 일인지 모른다고 생각하며
발 시린 별이 모여 있는 길을 따라 걷기 시작했다

가을

저, 새
모여 먼 산으로 간다

길은 하나
날개 위에 얹히는 바람

저, 산
모여 먼 하늘로 간다

노방정사(老房精舍)*

썩어야 벗어날 수 있는
나무 몸속의 따뜻한 벌레집처럼
변태를 꿈꾸는 시간이
밤마다 맑은 별의 사다리를 타고
하늘로 날아오르는
늙고 너른 방의
불빛 흐린 오래된 그 집

* 노방정사(老房精舍)
문학, 한문, 음악, 그림 등을 가르치는 필자의 공부방

하산(下山)

길이 몸 밖에 있는 줄 알았더니
내 몸 안에 있었네.
산 돌아 내려오는 길
뜨거운 단풍잎,
물 위에 뚝뚝 떨어져 흘러가고
잊어버렸던 기억들이
물밑에 어려
어룽어룽 몸 안에 길을
끌어당겨, 자꾸
몸 밖에 길 위에 포개고 있었네.

가을 숲

슬픔을 어르고 달래었더니
더 커져
몸과 마음을 한꺼번에 삼켜버린다

만지고 어르는 게
변명이고 욕심이었으니
커지고 성난 마음
내 몸속에 담아둘 것 아닌 남의 것

만지고 주무를수록 커지는 게
몸뿐이 아니었구나

하니, 그대여!
슬픔은 슬픔 그대로
활활 불타오르게 숲속에 두라

파도

내, 너에게 무엇을 더 숨기고
무엇을 더 망설이랴
그냥,
너에게 달려가 부딪쳐보리라

김장

나는 너를
밥상에 놓이는 반찬으로
부르기 싫다
나는 너를 눈물이라 부르마
나는 너를 노동이라 부르마
나는 너를 허리띠라고 부르마

섞이되 너를 잃지 말아라

밥 한 상에 추운 겨울
너를 쫙쫙 찢어먹으며
불끈 힘을 차고 일어나는
나는, 너를
혁명이라고 부르마

눈 내리는 아침

세상이 아픈 건 내 마음이 아팠던 거야
남의 자리에 놓여 편안하지 못했던 일들이
엉클어지고 어긋나 불편했던 거야
하얗게 첫눈 내리는 아침,
마음이 설레는 건
다시 시작할 수 있다는 희망 때문일 거야
우리 마음이 깨끗해지고 맑아져
새롭고 멋진 그림을
다시 그릴 수 있다는 생각 때문일 거야

이상기후

황사인가? 미세먼지인가? 눈물인가?
앞이 보이지 않는다.
국민의 여론이라는 모호한 핑계로
법과 규범과 제도를 깡그리 말아먹어 버리고
너나없이 모두가 주인이라고
형체 없고 무책임하게 떠도는 부유물 같아
어디를 가거나, 무엇을 하거나
오늘은 많이 아파해야 할 것 같다
도스토옙스키의 『죄와 벌』을
다시 읽어보고 싶은
무모하게 쓸쓸하고 고독한 아침이다.

들꽃이 그대에게

모여 있는 꽃은 들꽃이 아니다
혼자 길을 가고 있는 저 사람을 보라
얼마나 맑고 투명한가
햇살 속으로 깊이 찔러 넣는
저 송곳 같은 자존(自存)
모여 있으면 향기를 잃어버린다.

어머니의 빨래

물이 되어 흘러가고 싶었을지도 모를
서러움을 어찌 참고 견뎠을까
절반이 눈물이었을 시린 강물에
첨벙첨벙 빨래를 하며
흘려보낸 서러움이 얼마였을까
색이 바래면서
포근하게 우리를 감싸 안던
어머니의 가슴은
몇 동이 눈물로 헹구어낸 빨래였을까

썰전* 주의보

모든 사람이 하는 말은 다
자기 고백이다
보편적인 시각이라고 남의 이름을 빌리지만
말하자면 그렇다는 것일 뿐
내 몸의 강과
내 몸의 들판을 가로질러 온
바람처럼
자기중심의 사례에 비추어
말하고 강요한다
합리적인 의심이라고
남의 일 인양
양극화의 변죽을 이용하는
그대, 자신의 공작에 주의하라

*썰전
시사와 정치 문제를 다뤘던 TV 프로그램

흐르는 돌

저 돌, 서로 몸 비비고 자기 아픈 소리를 내면서도
돌아서지 않는 저 돌
서로 다른 세상의 소리를 담고 굴러와
옹기종기 그늘을 어루만지며 쓰다듬어 주고 있는 모습이
서로 닮아있다
안부를 묻기도 하고 살 냄새를 맡기도 하고
서로 다른 결의 체온을 느끼며
몸속으로 흐르는 긴 강물 소리를 듣는다
단단한 몸속에 부드러운 소리를 들어야 하리
부딪히고 깨지면서 둥근 모습으로 다듬은
웅숭깊은 가슴의 말을 핏물처럼 따뜻하게 느껴야 하리
떠나왔거나 또 떠나갈 차비를 하는 이웃의 곁에
피도 잠시 멈추고 슬픔도 내려놓아야 하리
흐르는 돌이여,
너와 나의 인생이란 처음부터
맞닿아 둥글둥글 빈칸을 채워주며 함께 다듬어가야 할
멀고 긴 여정이 아니었더냐
우리 처음부터 어깨 걸고
뜨거운 여행을 시작했던 이유가 아니었더냐.
쿵쿵쿵, 자기 가슴 치면서 흐르는 돌
투덜거리며 마을 어귀 들어서는 발자국 소리를 듣는다
자기 몸 담금질하는 뜨거운 상처의 광장,
서로 다른 생각을 나누어 가진 돌의 손목이 희다

염화미소(拈華微笑)*

반눈 뜨고 세상을 바라본다는 말은
결국
반눈 감고 세상을 읽는다는 말
어차피, 우리는
반쪽뿐인 세상을 살아간다
완전한 평화는 마음속에 있을 뿐이니
절망보다는
따뜻한 세상의 희망을 말해야 하리
반쯤은 나를 다스리고
반쯤은 어수선한 세상에 따뜻한 마음을
내려놓으며
낮은 곳으로 흐르는 물이 되어야 하리
내가, 다시 돌아가는 날
아름답지는 않았으나
그곳에 꽃씨 같은 마음 두고 왔노라고
진흙 수렁에서 핀 연꽃처럼
반쯤 뜬 눈으로 웃을 수 있어야 되리

* 염화미소(拈華微笑)
속마음을 알고 빙그레 웃어 보이는 모습

바람의 경전

바람의 방향으로 누워야겠다.
가늘고 사소하지만
엄숙한 흔들림을 즐겨야겠다.
바람도 나를 다스리는 경전,
아프겠지만
흔들리고 누우며
너를 사랑한다고 말해야겠다.

제6부

꽃잎을 물고 날아오르는 새

붉은 꽃잎을 물고 날아오르는 새
어둡고 단단한 나뭇가지에 내려 하늘을 울어
파랗다. 또 푸르고 맑다

겨울바다에서

돈움체로 깨어나 비틀거리는 바다
그 선명한 흔들림 속에서 난파선처럼 나를 찾는다
한 방울 눈물이었으면 넉넉했을 사막에서
낙타처럼
붉은 태양 속으로 걸어 들어가는 신기루
나의 신전은
와디*처럼 마른강의 흔적을 짊어지고
뜨겁게 불타오른 중,
서걱거리며 밟히는 낯선 말들을
파목처럼 주워들고 밤의 사막에서 돌아온 날이면
언제나 목마른 풍경처럼 놓여있는 나는
바다가 낳은 시대의 사생아
아! 멈추지 않는 밤의 흔들림이 싫어
돋움체로 깨어나 비틀거리는 바다
지독히 서러운 말이지만
누구나 출렁거리는 바다 한 자락 가슴에 품고 산다

* 와디(Wadi) : 사막의 마른 하천

데카르트*를 위한 사색

먼 산 능선을 따라 붉고 노란 나뭇잎이 줄줄이
끌려 나오고
설익은 책들이 낙과처럼 수런거리기 시작한다.
그 사람이 누구였는지?
언제, 어디에서 태어났는지?
무슨 일을 했는지? 데카르트 철학을 얘기한다.
원리와 이치의 차이인지?
시각과 사념의 차이인지?
누가 남고 누가 사라지는지?
살아있거나, 지배당하여 쓸쓸히 존재하거나
넓은 언어의 그물을 펼친다.
존재란, 왜
때때로 생각을 바꾸며 살아남아야 하는지?
무엇이 남아있어야 했는지?
데카르트 철학을 얘기하면서
질적이거나 양적이거나 속물 같은 나의 사색을
저울대 위에 올린다

* 데카르트
'근대 철학의 아버지'라 불리는 프랑스의 철학자

겨울안개

앞산이 안개 속에 묻힌다.
안개 속에서 산의 능선이 나왔다 들어갔다를
반복한다.
무질서 속의 질서
어디까지가 산일까? 어디까지가 안개일까?
안개 속에 산이 들었고
산속에 안개가 들었으니
나 또한 사라지고 다시 돌아온다.
의식과 무의식의 차이
있음과 없음의 경계가 지워진 선명함
안개 속에서 내가, 또렷하다.

청소를 하며

어느 날 문득 어지러운 마음 쓰다듬을 때
많은 먼지와 쓰레기를 치우고도
편히 눕지 못해
거실 한구석에 직립으로 서 있는
먼지투성이 청소기를 오래 바라본다
너는 그 많은 더러움을 쓸어 담고도
정작 너의 몸은 먼지를 뒤집어쓴 채
아직도 먼 길을 가고 있구나
어떤 존재를 지우면서, 네가
또한 누군가에 의해 흔적 없이 지워지고
있었구나

초인(超人)을 기다리며

아모르 파티(Amor Fati)*
운명아 비켜라!
비키라고 비켜지는 게 아니었네
너의 운명을 사랑하라!
숙명과 운명 사이
살아있고 또 살아가고
헐렁한 바지를 입고 언덕을 내려오는
차라투스트라가 말했네
하루하루 즐겁게
아무도 모르게 파티하듯 산다네
아모르 파티
운명아, 나에게 오라!
너를 사랑할 테니
너를 맞이하여
한마당 걸판지게 춤을 출 테니

*아모르 파티(Amor Fati)
독일의 철학자 프리드리히 니체의 운명관

길

길을 버리고 또 다른
길 위에 선다
나를 버리고 또 다른
나를 만난다
춥고 어두운 밤,
나를 단단히 가둔 뒤에야
문을 열고
너를 만날 수 있으리라
죽음의 그늘에서
꽃피우는
작은 싹의 생명을 본다
다시,
길을 버리고 또 다른
길 위에 선다

겨울나무 숲길

버린다. 보인다. 찾는다. 돌아간다
어지러웠네
한꺼번에 뒤섞여 흔들렸지
나를 버리는 것은 관습을 벗어나는 것이었네
벗으니 부끄럽고 맑은 뼈가 보였네
언듯 밝아진 곳에서
두리번거리며 잃은 길을 찾고 있었지
흔들리며 따라왔지만
풍경에 가려 보이지 않던 길,
겨울나무 숲길을 따라 천천히 돌아가네
몸속에 품고 있던 나이테처럼
옷을 벗어버린 꼿꼿한
나목들이 길의 뼈대처럼 맑고 깨끗하네

5월의 노래

슬픔이라도 남아있었으면 좋겠습니다
원망이라도 남아있었으면 좋겠습니다
모두 마음 가는 일이니까요
모두 마음 버티고 사는 일이니까요
그래도 조금은
당신과 함께 웃을 수 있으면 좋겠습니다
나를 위해서 또는 당신을 위해서
가끔 먼 하늘 올려다보듯
당신의 주변 일을 궁금해하며
고요하지만 끊임없이 술렁거리는
푸른 길을 함께 걸었으면 좋겠습니다

겨울바다

우기에 물이 가득 들이찬 집에서 기어 나와
몸을 말리는 지렁이처럼
겨울비라도 내리는 날이면 어김없이
사납게 출렁거리는 겨울바다로 달려나가지
밤의 멱살을 바싹 움켜잡고
어두운 시간의 머리카락을 한 움큼씩 잡아 뜯으며
출렁거리는 바다와 씨름하다가
아니, 멈추지 못하고
시간과 악다구니질하는 나와 드잡이질을 하다
돌아갈 길을 잃어버리고
뜨거운 햇살 아래 굳어가는 지렁이처럼
시간의 갈피에 눌려버린 압화(押花)처럼
절망의 끝에 나를 내려놓고
어슬렁거리며 돌아오지
끌고 온 파도는 밤새 내 잠결에서 뒤척이고
또 하루 살아가며 천천히 굳어가겠지만
되짚어 돌아오는 길은 언제나 낯설어
돌아와 살아있다는 것도
자꾸 우기처럼 눅눅해지는 바다가 궁금해져

새싹 1

둥글게 몸 말아 붙이고
자기 몸에 자글자글
뜨거운 불을 지피고 있는 사람,
장하다! 장하다!
따뜻한 봄 삼월
어깨 두드려주는 햇살 만나면
껍질 갈라진 틈마다
푸르게
자기 몸 태우는 등신불

새싹 2

꽃을 찾아 남루를 벗는다
꿈을 찾아 나를 지운다
세상은 지금,
삐걱거리는 뼈마디를 비집고
속살을 밀어 올리는 중,
아프다는 건
통과 절차처럼
새로운 세상에 나를 보내는
차갑고 푸른
불꽃 때문이었음을…….

커피

밥 먹은 그릇에
커피를 타
숟가락으로 휘휘 저어
마신다
마시는 커피에
물컹거리며 씹히는
고독한
평화로움,
낯설다
새롭고 소중하다

섬

그녀가 나무 아래서 나를 기다리기를 바랐지만
그녀는 그곳을 무척 싫어했는지도 모릅니다
그녀가 늘 내 마음 한구석에 남아있기를 바랐지만
그녀는 항상 다른 곳을 찾고 있었습니다
그리움이란, 내가 그녀에게 바라듯
그녀도 내게 바라는 게 있어
어긋나고 만나는 곳에 남은 섬 같은 것이었습니다
그녀가 나의 섬으로 남기보다
내가 그녀의 섬으로 남아 기다려야겠습니다

잔설(殘雪)

뚜둑!
한쪽 모서리가 부서지는 소리가 났다
아마, 쓸쓸함이나 그리움
이런 습관적일 것이라고 생각하며
지나치려는 순간 당신이 지나갔다
붉은 스웨터에 짧은 치마,
싸리 종아리를 흔들며 당신이 지나가는 배경으로
뚜둑!
내 추억의 한 모서리가
숲속 푸른 싹들의 뾰족한 창끝 위로
산벚꽃잎처럼 떨어져 내렸다

그녀의 피는 창백했다

선운사

나무는 개울물을 밟고 걸어 내려와
안개 속을 서성거리고
차가운 안개는 혼자 푸르러
나무숲을 밟고 이리저리 흐릅디다.
나무인 듯, 안개인 듯
스님을 따라가다가
다시 집으로 돌아오지 못할 것 같아
나무뿌리 위에 앉아
걸어온 길 오래 돌아보니
늘어진 가죽 주머니에 담긴 그림자
안개 속에서
지워졌다, 이어졌다 혼자 시름 깊어
애꿎은 동백꽃만
빈 몸을 감고 뚝뚝뚝 떨어집니다.

풍장(風葬)*

어느 날 갑자기 눈이 침침해지고
방바닥에 어른거리며 조금씩 사라져가고 있다는 거
언제 저리 불빛 아래 모여든 생명들이
집단으로 모여들어 안식했단 말인가
반점처럼 천장에 붙어 앉아 꼼짝도 하지 않는 영혼들
한참을 바라보다 유리 껍질을 벗겨낸다
바스스 부서지는 형체들
흔적 없이 먼지로 돌아가는구나
흙으로 돌아가 깔끔하게 마무리하는구나
하루를 억지로 자기 위안하며 살아가는
부끄럽고 단단한 뼈 많이 남은 가슴을 만져보며
날개만 남은 곤충의 부서진 몸을
곱게 쓸어 모아
풍장처럼 바람 속으로 너를 돌려보낸다.

*풍장(風葬)
시체를 지상에 노출시켜 자연히 소멸시키는 장례법

안부(安否)

밖에 나가 돌아오지 않던 네가
내 가슴속에서 뽑아내어
남의 일처럼 한편에 밀쳐두었던 네가
어쩌다
날 흐리고 비 내리는 날
어쩌다
생각 없이 내다보는 창밖으로 눈이 내리는 날
그리워진다면
사랑도 못할 일
당신 때문에
숨도 쉬지 못할 일

우리는
날마다 그리운 것이 아니었구나

꽃놀이

꽃잎 하나 들여다보고 너를 생각하고
꽃 한 잎 들여다보고 나를 생각하느니
너를 생각하는 꽃잎은 그리움이고
나를 생각하는 꽃잎은 기다림이었다가
다시 꽃잎 하나 들여다보고
서툴러 뜨거운 내 가슴의 말을 적어
너에게 보내느니
그대여!
이 밤 자글거리며 타는 그대 살 냄새
꿈인 듯 아뜩했다가
생시인 듯 눈물이다가 기쁨이었다가

빨래를 개며

투정하는 아이를 재우고 옷을 갠다
건조기에서 빠져나온
주름투성이 이력을 반듯하게 펴서
내 생각의 옷장에
네모나게 다시 접어 넣는다
구분되지 않고
어쩌다 섞여 나온 아이 옷이
단단한 나의 정체성(正體性)*에 대해 묻는다
옷이 걸어가는 사막에서
너는 낙타처럼
뜨거운 알몸을 짊어지고 있구나!

* 정체성(正體性)
Identity, 변하지 아니하는 존재의 본질을 깨닫는 성질
또는 그 성질을 가진 독립적 존재

꽃잎을 물고 날아오르는 새

붉은 꽃잎을 물고 날아오르는 새
어둡고 단단한 나뭇가지에 내려 하늘을 울어
파랗다. 또 푸르고 맑다
작고 소중한 하루를 열고 더듬어
너에게 가는 것이니
천 리인들 새롭지 않으랴, 아가 발처럼
꼼지락거리며 스며드는 가슴 어디
사랑쯤이야 놓아도 좋을 너 고운 사랑이야
어찌 깊지 않으랴,
그 소리 하늘 새처럼 곱지 않으랴

절제와 언어 탄력의 투명성

— 조영웅의 제15시집 『겨울 나그네를 듣는다』

채수영(시인. 문학비평가)

1. 프롤로그 – 변신의 자화상 그리기

시인의 임무는 시를 쓰는 일이고 그 시의 표정이 신선하고 생생함을 전달할 때, 시적 장치의 조력을 받아 비로소 임무를 수행하게 된다. 그러나 항상 변화를 수용하는 의식이 투영될 때 시의 맛깔은 더욱 묘미를 발휘하는 기교가 따라온다. 진부(陳腐)라는 말은 어제와 오늘이 같을 때라면, 시인은 자기 변신을 꾀하는 점에서 카멜레온의 색깔을 내부에 숨기고 때에 따라 자기만의 색깔로 정서를 나타낼 수 있는 능력이 필요하다.

시인은 대체로 일정한 주기를 거치면서 변신의 시업(詩業)을 진행할 수 있는바, 고민이 많으면 많을수록 시적 생동감은 아름다움을 수반하게 될 것이다. 왜냐하면, 살아가는 일은 결국 다양한 변화를 거치는 과정에서 돌출되는 사건들이 있거나 수많은 체험의 요소들이 모아져서 오늘을 구성하고 또 이 다리를 건너 내일로 직행하게 된다. 때문에 시인은 살아있는 모든 자연과 생명체들을 통찰로 바라보는 안목이 전제된다. 때로는 철학적일 것이고 더러는 과학일 것이고 혹은 생활의 곤혹함이 시적 벌판을 이루는 요소라는 데서 시인의 삶은 곧 추체험의 모든 것들이 살아 경험을 이루어 시로 전환된다.

나는 초기의 조영웅의 시를 감상했고(채수영 전집 11권 P.665 소재) 이번이 15번째의 시집을 비교하는 변화를 들여다보았다. 한마디로 원숙함이 언어의 절제로 나타났고 이미지의 구축술이 짧지만 의미의 완고함을 수용하는 기교가 원숙했다. 이제 시인의 의식의 깊이에 변화적인 축도(縮圖)에 담긴 풍경을 바라볼 계제(階梯)이다.

2. 정서의 바다

1) 시에 대한 사고

시인은 시로서 시론을 정리한다. 물론 저마다 다른 각도에서 시에 담겨지는 의미는 다양성을 전제로 출발하기 때문에 일정한 개성이 수용된다. 이는 시가 가진 특성인 애매성(Ambiguity)을 훼손하는 것은 아니다. 시는 결국 표현대상에 특질을 나타내는 이유이기도 하다.

> 작은 부스러기 시간 속에 내 영혼이 갇혀있었음을
> 슬프게 시인하기로 한다.

자기 고백이기도 한 이 진술은
또 한동안 나를 구속할 것이며 나를 갈등하게 할 것이다.
시인한 이상 또한 내 허물이 크므로
작은 정원 하나쯤 가슴에 만들어 놓을 심산이다.
물으면 웃으며 답하지 않으리라.
핑겟거리를 만들며 오래 머물러있지도 않으리라.

—〈시인의 말〉 중에서

시 쓰기는 산을 정복하는 이미지가 강하다. 높은 산을 올라보면 또다시 산의 높이가 기다리고 있을 때, 절망은 시의 본질인가를 의심하는 생각은 모든 시인들의 공통점일 것이다. 때로는 울고 싶을 것이고 때로는 한 줄의 시를 바라보면서 환호하는 경험을 누구나 가졌을 것이다. 이처럼 시는 난공불락의 대상일 때, 지고(至高)의 가치를 획득하는 의미가 첨가된다. 절망에서 희망을 건져 올리고 희망에서 내일을 이야기하는 시인의 임무는 절망을 먹고 살아가는 사람일 때, 그가 엮어 내는 시의 표정은 역설의 미학(美學)을 창조할 수 있을 것이다. 이는 가치의 숭고한 이름을 헌사하는 작업으로 치부되는 시인의 아픔을 속내로 감추고 있을 뿐이다. 여기까지는 조영웅 시인의 시 쓰기의 보편적인 의미를 살필 수 있지만, 다음 작품에는 그가 겪는 고통의 진원이 밝혀진다.

행간을 읽으면서
백지같이 하얀 고백의 묵언을 들으면서

나와 다른 너를 이해하기 시작했다
때로는 말줄임표가
나를 아득한 공간으로 끌고 들어가 막막하게 했지만
어둠을 뚫고 새살이 돋아나곤 했다
존재를 인식한다는 것은
나를 둘러싼 넓은 공간을 읽기 위해 나를 놓아버리는
신체 포기각서와 같았으므로
행간 속에 나를 던져놓고 지켜보는 것이 전부였다
글을 쓰기 위해서
빼곡히 들어찬 종이 위에 기록된 나의 비망록을
먼저 버려야 했다
저, 스멀거리는 징그러움을 어찌 견디며 살았을까
나의 이력이 하나씩 지워질수록
차라리 행간 속에 나를 가두는 일이
현명한 일인지 모른다고 생각하며
발 시린 별이 모여 있는 길을 따라 걷기 시작했다

—「시를 쓰다」 전문

'하얀 고백의 묵언'이나 '나를 아득한 공간으로 끌고 들어가 막막하게'와 '신체 포기각서' '비망록을 버린다' '징그러운' 등등의 고백은 시와 대면했을 때, 절망을 수용하는 대결을 암시한다. 이는 모든 시인들의 공통된 사실이지만 이 고통의 지수가 많을수록 시의 밝은 표정을 대면하는 일이 기쁨으로 환치(換置)되는 것을 상징한다. '어둠을 뚫고 새살이 돋아난다'나 '별이 모여 있는 길을 따라 걷기 시작했다'의 암시는 시의 진경을

방문하는 고백으로 볼 때, 조영웅 시인의 정신에는 깊은 탐색의 모험가와 같은 자세가 돋보인다. 그렇다면 시인의 소망은 무엇일까?

들꽃같이 뒤틀리고 돌보지 않는 시(詩)를 쓰고 싶다
그것도 시(詩)냐고,
시시해서 눈 뜨고 못 봐주겠다고 투덜거리다가도
그놈, 신기한 생각을 하네
마음 가벼워 풀잎처럼 흔들릴 때
잠시 속는 셈 치자
남의 일처럼 뒤적거리는 그런 볼품없는 시(詩)를 쓰고 싶다

―「시(詩)에 관한 말장난」 일부

조영웅 시인의 시 쓰기는 결국 야생화와 같은 그런 시를 원한다. 누가 보는 사람이 없어도 홀로 피어 짙은 향을 발하고, 투덜거리는 것도 아니고 오로지 묵묵히 피어 살아 임무를 다하는 그런 평범과 범상함을 원하는 뜻이 깊다. '뒤틀리고 돌보지 않는'은 자연 그대로의 시를 말하는 뜻이고 '볼품없는' 그런 시의 모습은 꾸밈이 없어 천의무봉(天衣無縫)한 자연스러움을 갈망한다. 요란으로 자기선전을 일삼는 문단 풍토에서 이런 사고를 갖는 일이야말로 진정한 면모를 의미한다.

한국 문단의 특징은 아웃사이더에 초점을 맞춰왔다. 소월이 그렇고 한용운이 그렇고 윤동주가 그렇다. 살아생전에는 모조리 외부자였지만 그들의 작품은 사후에 명멸하는 빛이 되었음은 비단 한국 문단만의 사실은

아니다. 미국의 여류시인 E.디킨슨이나 20세기 최대의 소설가인 『백경』의 멜빌은 죽었을 때, 신문에 부고(訃告) 한 줄도 없었다는 사실은 참된 문인의 길이 무엇을 말하는가를 생각하게 한다. 유명을 추구하는 행동은 이미 작품의 질과 상관이 없다. 유명이나 금전을 작품과 결부하는 순간부터 그의 작품은 타락의 경우가 흔하기 때문이다. 조영웅 시인의 시는 이런 점에서 독특한 미래의 입지를 구축하고 있음이 확실하다. 꼿꼿하기 때문이다. 이런 의미는 시의 고갱이 정신을 상징한다.

2) 길에 대한 명상

길은 인긴에게는 미지의 대상이다. 왜냐하면, 길은 길에 이어지고 다시 길은 또 다른 의미의 길이 분기(分岐)하기 때문에 살아가는 일은 곧 길을 걷는 일이고 길을 지나는 감상이고 길을 추구하는 모험이 일생 동안 진행된다. 비단 노자(老子)의 '만물의 어머니인 도(道)'나 장자(莊子) 외편에 천도(天道) 사상의 의미는 저마다 달라도 모두 –길에 대한 의미뿐만 아니라 길은 내부의 길–즉 정신의 길과 외부의 현상적인 길이 함께 진행의 보조를 맞춘다.

「무섬마을에서」, 「달팽이」, 「꽃잎」, 「그리워진다」, 「하산」, 「봄」 등의 이미지는 길에 대한 추구가 뚜렷하다. 인용으로 논지가 출발한다.

> 하얗게 눈이 내린 길 위에
> 나란히 찍힌 발자국

남자의
발자국 하나가 뒤를 돌아보고 있습니다

비틀거리지는 않았는지
그대를 앞에 앉혀놓고 망설이지는 않았는지
오래 기다리게 하지는 않았는지

참회록을 쓰는 선비같이
웅크리고 앉아
곰곰이 걸어온 길을 돌아보고 있습니다

하얗게 눈이 내린 길 위에
나란히 찍힌 발자국

길 위에 눈은 내려 쌓이고
몸이 얇은 남자
흰 꽃잎처럼 몸을 일으키다 휘청거립니다

—「꽃잎」 전문

눈 위에 발자국은 매우 상징적이다. 왜냐하면, 눈 위에 찍힌 발자국은 햇빛에 의해 지워지는 숙명을 가지고 있는 오로지 현재의 모습일 뿐이기 때문이다. 삶의 길은 결국 이런 과정을 지나는 허무에 이를 때, 눈 위에 발자국은 스스로의 모습이고 이 아픔의 현상을 결코 외면할 수 없는 삶의 길이라 여길 때, 감회는 항상 시심(詩心)을 자극하는 대상이 된다. 사는 일은 비틀거림이고 이 비틀거리는 보폭을 곧추세우는 반복에서 생애는 지날 것이고 이런 현상은 변함없는 지속성에서 길은 곧 '휘청거림'에서 삶이라는 멍에를 이끌고 가는 일에 다름이 아닌 모습이다.

맹자는 길에 대해서 '길은 가까운 데 있다. 그런데도 먼 데서 구한다'는 말처럼 길은 곧 자기가 걷고 있는 발아래서 시작한다. 그러나 먼 데의 길을 바라보면서 오늘을 도외시하는 자세는 항상 위기를 자초하는 일이 일상적일 때 길은 교훈을 앞세운다.

길이 몸 밖에 있는 줄 알았더니
내 몸 안에 있있네.
산 돌아 내려오는 길
뜨거운 단풍잎,
물 위에 뚝뚝 떨어져 흘러가고
잊어버렸던 기억들이
물밑에 어려
어룽어룽 몸 안에 길을
끌어당겨, 자꾸
몸 밖에 길 위에 포개고 있었네.

—「하산(下山)」 전문

두 개의 길이 있다는 자각은 현명을 발휘하는 삶의 단초이다. 내부의 길과 외부의 길이 따로 분리되는 것이 아니라 하나로 통합될 때, 의식의 명확성이 행동을 담보하게 되기 때문이다. 다시 말해서 내부의 길이 곧 의식의 길이라면 이 의식의 지휘에 따라 행동의 길인 외부의 길이 이어질 수 있기 때문이다. 내부와 외부가 다르다면 어긋난 삶의 길에 당도하는 우를 범하게 된다. '몸 안의 길을/ 끌어당겨/ 몸 밖에 길 위에 포개고 있었네'의 자각은 시인이 옳고 바른 길을 가고 있음을 발성하는 뜻일 때, 시적 안도감은 곧 시인의 절제된 품성이나 인품을 상징하는 뜻으로 이해된다. 왜냐하면 생각은 곧 행동을 수반하는 의미가 될 수 있기 때문이다.

3) 사랑 혹은 그리움

사랑이나 그리움은 추상명사이기 때문에 확실한 뜻으로 정의할 수가 없다. 그러나 모호성의 안개 속에서 애달픔으로 다가오는 그리움이나 사랑의 뜻은 인간 본연의 깊이에 당도하려는 본질일 때, 그리움은 사랑을 지향하는 길을 만들려 노력한다. 그리움에는 거리(距離)가 존재하고 사랑에는 거리가 소멸하는 점에서 둘은 구분된다.

가장 절실하지만 필요를 절감하지 못하는 뜻도 있음은 그만큼 절대의 요소라는 뜻이 첨가된다는 이유가 될 수도 있다. 이 모호성의 명사에서 한 치도 벗어나지 못하는 것이 둘의 상관성이다. 모든 문학작품은 결국 사랑과 그리움을 엮어내는 작업이라는 점에서 절대의 소재로 작동된다. '사랑을 하면 현명할 수가 있지만, 현명하면 사랑을 하지 못한다'(푸를릴리우스 시루스)는 말처럼 사랑은 현명한 것이 아니라 맹목(盲目)일 때, 비로소 열렬한 사랑에의 불꽃은 일어난다. 왜냐하면, 사랑은 계산하고 따지는 작업이 아니라 무조건 뛰어드는 불길에 용감해야 쟁취되는 불꽃이기 때문이다. 그렇다면 조영웅 시인의 사랑법은 어떨까?

결혼보다 연애가 더 즐겁다
그러나 연애보다 사랑이 더 소중하고
포괄적이다
화려하고 즐거우려면 연애를 하라
귀하고 소중한 것을 찾으려면
사랑하라
사랑은 연애보다 이상적이지 않지만
더 구체적이고 상호보완적이다
우린, 이걸 자꾸 잊고 산다
이 가을에는 연애를 하라
그리고 열매처럼 단단하고 향기로운
사랑을 하라

—「가을에는」 전문

결혼은 구속이고 연애는 자유라는 뜻을 첨가하면 결혼은 사랑을 전제로 시작되는 일이 될 것이다. 그러나 결혼과 연애는 '상호보완적' 사이가 될 때, 원만의 성(城)을 구축할 수 있다는 다소 잠언적인 연애관이다. 다시 말해서 선비적인 사고가 재미(?)를 반감하는 것 같은 완고성이 보인다. 그러나 마지막 시의 구절은 '단단하고 향기로운' 사랑에 종착점을 둘 때 건강한 사랑을 염원하는 시적 발상이고 시인의 사랑관인 셈이다.

「그리워진다」, 「그냥 그립다」는 조건 없는 그리움의 거리가 존재한다. 왜냐하면, 그리움은 일종의 갈증 현상의 거리가 나타나기 때문이다.

그리웠던 것이 자꾸 지워진다

그러하므로
새로운 것을 만들려고, 오늘
길을 나서는 것일까?

자꾸 가벼워져,
자꾸 허전해져, 무작정
길을 나서는 것일까

지나간 것이 자꾸 그리워진다

—「그리워진다」 전문

그리움은 애달픔을 수반하는 거리에의 초조가 엄존하기 때문에 자꾸 지워지는 것을 되돌리려는 발상이 더욱 애처로움으로 초조해진다. 방황하고 떠돌아 찾기 일쑤이지만 정작 잡히는 것은 아무것도 없을 때, 허무를 뛰어넘는 뜻이 부풀어 오른다. '가벼워서' '허전해서' 길을 나서는 이유가 앞장서고 '지나간 것'에 대한 상념이 더욱 커질 때, 길을 나서는 방랑이나 방황이 일어나는 현상이 그리움의 본질일 것이다. 그리움은 쌍방통행이 아니고 일방통행일 때 거리는 다시 아픔을 수반하는 상징을 갖게 된다.

그대 오지 않아도 내가 그대에게 간다
돌아올 것을 기다리면
죄가 되는
사랑과 그리움은 언제나 일방통행
나는 그냥 그대가 좋다

—「그냥 그립다」 일부

서로가 그립다는 것에는 명료한 거리가 없다. 다만 일방적일 때, 내가 길을 떠나는 이유가 나타나고 다시 시작되는 일방성에 대한 그리움이 사랑으로 길을 닦게 된다. 제목에 '그냥'이라는 무조건의 전제가 따를 때 일방성은 더욱 선명한 행동의 이름이 따라붙는 요인이다.

그리움의 종착지는 사랑이다. 앞에서 말했듯 사랑은 구속된 일면 자유를 통합하는 뜻이 강하고 그리움은 일방성에 자유가 허여(許與)된다. 그렇다 하더라도 그리움은 구속되기를 염원하는 뜻이 워낙 강하기 때문에 어떤 조건이라도 수용하는 절차를 원한다. 반면에 사랑은 둘이 하나로 합하는 뜻이 「중요한 사랑」, 「꽃샘바람」으로 정착하게 된다. 사랑은 선택의 종착지를 암시하기 때문에 서로의 구속은 당연한 묵시록을 작성하는 이유가 되기 때문이다.

사랑은 아름답지만 어떤 사랑이
구속되기를 원하겠습니까

하나를 선택하는 사랑은
가시를 품은 꽃처럼 상처를 줍니다

—「중요한 사랑」 일부

중요한 의미는 항상 위험이 내포된다. 왜냐하면, 중요한 의미가 더해지기 때문에 가치로 환산되는 것이 이유일 것이다. 때문에 시인은 '가시를 품은 꽃처럼'의 비유는 지고(至高)한 상징을 뜻하는 시인의 의도는 명확해진다. 사랑은 고난이 클수록 더욱 고귀한 상징으로 자리 잡을 수 있기 때문이다. 조영웅 시인의 사랑은 바로 그런 자리를 염원하는 아름다운 뜻이 선연(鮮然)한다.

아내는 꽃이다. 이 명제는 조영웅 시인이 갖는 결정화된 신념으로 나타난다. 「두루치기」, 「아내」, 「무궁화 열차」, 「해맞이」 등은 아내의 이미지가 또렷하게 각인(刻印)되어 사랑의 결정판으로 보인다.

나와 다른 사람
반평생 넘게 몸 섞으며
살아온 사람

꽃이 제각기 피듯
모양도 다르고

생각도 달라

다르게 사는 모습이 신기해
말없이 지켜본다

아름다운 꽃이다

—「아내」 전문

사랑은 조율(調律)이자 조화(調和)를 뜻한다. 왜냐하면, 이질적인 서로의 삶을 하나로 통합하는 양보이고 겸손이 따라올 때, 아내와 나는 〈하나〉로의 삶의 길이 순탄해지기 때문이다. 조영웅 시인은 평화로운 가정의 꿈이 비로소 아내와의 조화와 조율로 달성의 정점에 이른 느낌을 준다.

구약성서 잠언에도 '아내를 얻는 것은 행복을 얻는 길, 야훼께서 주신 선물이다'를 설법한 것은 가정은 곧 인간이 추구하는 행복의 근원일 수 있다는 상징을 갖는다. 다시 말해서 가정의 원만은 신의 뜻이 될 것이고 인간의 행복의 근원이라는 점에서 아내는 자기의 분신으로 생각하는 사고가 현명한 이유가 될 것이다. 그러나 사랑에는 항상 위험이 도사린다. 여기서 서로를 바라보는 눈에 따스함이 전제될 때라야 사랑은 포용적인 자기로 성을 구축하는 방법이 필요할 것이다. 다시 말해서 바라보는 시선이 하나로 통합될 때 비로소 완전한 가정의 이름은 따스함으로 감싸는 서로의 공간이 하나의 의미로 길을 만들게 될 것이다. 조영웅 시인의 아내 사랑은 그의 그리움의 출발이고 사랑의 최종 목적지라는 뜻에 다짐이 확실한 인상이다.

4) 봄 그리고 겨울 의식

시인은 그가 좋아하는 계절에 대한 집념이 강하다. 가령 봄날의 꽃을 좋아하는 사람은 봄에 대한 시적 구성이 유난히 두드러진다. 이런 현상은 자의식이 지배하는 일종의 편향성을 가지고 살아가는 특성일 것이다. 조영웅 시인의 의식의 특성은 봄의 이미지가 많고, 그다음은 겨울 정서가 많은 비중으로 시를 구성하고 있다.「봄꽃 편지」,「봄」,「봄이 오는 소리」,「봄날 서정」,「봄의 향기」,「새싹 1~2」,「꽃 몸살」,「꽃샘바람」,「봄눈」등 상당한 비중의 봄날의 이미지가 지배하고 있음은 시인의 정신 지향이 무엇을 의미하는가를 가늠할 수 있다.

베란다 창문 옆에 놓아둔
화분에 물을 준다
화초가 물을 빨아 당기는지
흙 속으로 물이 스며들어 가는지
쪼록쪼록
아이 젖 빠는 소리가 들린다
알을 깨고 나올 때
어미 닭이
바깥세상의 문을 열어주듯
파악! 팍, 실핏줄 터지는 소리
내 머릿속에

피가 돌기 시작한다

—「봄이 오는 소리」 전문

오감 중에 시각은 가장 많은 비중으로 현실을 지배하고 청각과 시각이 경합하여 공감각적인 조화를 이룩한 시이다. '화분에 물을 준다'의 행위에 이어지는 '아이 젖 빠는 소리가 들린다'에서 시인은 또 다른 세계를 찾아 소리를 듣는 청각의 상상이 나래를 펼치고 신선한 감각을 동원한다. 이는 시인의 예민한 촉수일 수도 있거나 상상의 진폭(振幅)이 넓게 펼쳐지는 감수성으로도 해석할 수 있을 것이다. 그만큼 간격이 넓을 때, 시적 기교에 의미는 중첩되면서 시의 완성도를 높이는 점이다. 또 '파악! 팍, 실핏줄이 터지는 소리'가 '피가 돌기 시작한다'에 이르면 시적 완성도는 더욱 고조된 정점에서 나래를 파닥거린다. 이는 소리가 또 다른 영역으로 진전하는 시인의 기교로 돌리면 봄날 생명의 신선한 이미지가 푸른 의미로 다가든다.

그대 꽃 속에 앉아있습니다

내 마음이
그대에게 닿아있기 때문이겠지요

어느 곳에 가던 꽃이 되는 그대

그리움이었다가, 아픔이었다가

또 보고 싶다가…….

함께 피고시드는
우리의 봄날도 따뜻하겠지요?

—「봄꽃 편지」 전문

사랑의 대상이 봄의 꽃 속에 들어있다는 상상과 '따뜻하겠지요?'의 물음에서 긍정적인 요소가 담겨있다. 이는 봄에서 위안과 따스함을 찾는 정서를 의미한다. 이는 시인에게- 봄의 이미지가 번다한 것은 결국 봄과 연결된 자의식의 어떤 부분이 작동되는 것을 상징한다. 왜냐하면, 인간의 무의식은 잠재되어 항상 의식을 지배하는 형식으로 나타나기 때문이다.

봄과 반대는 겨울이다. 겨울을 비극이고 엄정한 아픔을 뜻하지만 봄을 내포하고 있기 때문에 겨울을 감내하는 행보가 이어질 수 있을 것이다. 이는 희망을 암시하고 당도한 내일을 뜻하기 때문에 겨울을 견디는 인내도(忍耐圖)가 그려진다. 「겨울바다」, 「겨울나무」, 「겨울 나그네를 듣는다」, 「겨울안개」, 「겨울나무 숲길」, 「겨울바다에서」 등 겨울의 이미지와 가을의 시는 「가을에는」, 「단풍」, 「가을 숲」 등으로 나타날 때 겨울이 많은 것은 서상(敍上)한 바와 같이 봄을 내포하는 이미지가 될 것 같다.

추워!
따뜻함을 느끼고 싶어

언제나
반대쪽이 그리워
자박자박
우듬지 물오르는 소리

—「겨울나무」 일부

앞에서 따뜻함을 간직하려는 겨울나무의 이미지는 바로 봄을 기다리는 생각으로 독목(禿木)이 된 아픔을 감내하는 점에서 인생과 닮았다. 고통으로 견디는 나무라야 봄날의 화려를 감득(感得)할 수 있고 화려한 의미를 터득하는 절차가 수용되고 있음이다. 해서 겨울은 곧 봄의 가까운 이름이고 여기서 봄은 모든 준비를 갖추는 계절이 된다.

사랑은
"떨림"만 있으면 가능할지도 모르겠다
그러나 시(詩)는
"떨림"과 "울림"이 함께 있어야 한다
겨울 바다를 찾아갔을 때도 그랬다
어쩌면 나의 절망을
조금씩 나누어 가질지도 모른다는 생각에
출렁거리다, 내가
깊어져 바다를 끌고 돌아오는 것이었다

—「겨울 바다 2」 전문

시와 겨울 바다가 등가(等價)를 이루면서 인생을 비유하고 있다. 시는 쉽게 쓰여지는 것이 아니다. 혹한(酷寒)과 신산(辛酸)한 아픔을 지불하고 얻어진 기쁨이 한 편의 시라면 인생사도 그런 절차에서는 다름이 없다. 시(詩)=겨울 바다를 생각하면 한 편의 시가 갖는 의미는 자명해진다. 높은 파도와 격한 풍랑 그리고 매서운 바람의 한기(寒氣) 등은 곧 시를 얻으려는 시인에게는 실로 겨울의 엄혹한 시절의 통과의례라는 점이 동일하다. 시는 고통으로 얻을 수 있는 산물이라는 뜻이다 이를 '떨림과 울림'을 조건으로 내세운 시인의 의도는 매우 정치(精緻)한 묘수로 보인다.

5) 시사(時事)와 비판

시인은 비평가이다. 왜냐하면 현실을 살아가는 가장 정직(正直)한 사람이기 때문에 현실에 저항하고 때로는 행동하는 것조차 시가 된다. 한용운이나 이육사는 사표(師表)가 되는 그런 시인이다. 혹독한 일제 치하에 음풍농월만을 노래했다면 그들의 시에 무슨 감동이 따라올 것인가 말이다. 그러나 한용운이나 육사의 시는 전혀 악다구니의 언어가 아닌 '겨울은 강철로 된 무지개'를 읊은 절제와 긴장이 뛰어난 시적 성공이었다. 그러나 70년대 후반부터 80년대를 풍미한 우리의 좌파들의 문학-문학도 아니지만 얼마나 악다구니와 악머구리를 연출했던가. 해서 민중문학은 실패의 문패를 걸었던 것이다. 작금에 왼쪽의 집권세력은 또 얼마나 모순에 모순을 질탕하게 분탕질하고 있음인가. '국개의원'을 풍자한 「들개」, 「쌀벌레」, 「한번 물어봅시다」, 「세무조사 1~2」, 「단풍」, 「이상기후」 등은 시대의 고민이 들어있고 그 모순을 반어법으로 질타하고 있다.

정치는 바름을 실현하는 일이기에 좌우를 막론하고 이 기준-민주와 자유가 있는 나라를 원하는 것이 국민의 바램이다. 그러나 적폐라는 이름으로 먼지털이식으로 구가하는 비명은 자살로 마감되는 일이 정치의 요체는 결코 아니다. 넬슨 만델라는 28년 동안 백인에 의해 감옥에서 고생했으나 출옥 이후 집권했을 때, 모든 박해자들을 용서한 일은 위대한 일이었다. 적폐의 역사를 올라가면 끝이 없을 것 -당나라와 손을 잡고 고구려 백제를 무너뜨린 신라 -백제인들을 10일 동안 도륙한 것 또한 역사의 적폐일 것이다. 그러나 용서는 과거를 넘어 미래를 위함이어야 한다. 지금은 어떤가? 앞에 열거한 시들을 읽으면 그 답안은 도출된다. 분명한 사실이 호도(糊塗)되는 현실에 신음하는 사람들이 많다. 눈먼 바보들의 행진이다

나라에서, 오늘
또 서민주택 정책을 발표한단다
예산을 지원한다는데
누구에게 주는지
부른 배만 더 고프겠다

어디로 갈까?
아무리 둘러봐도 갈 곳이 없다
일자리가 없다

다시,
새끼 치고 깔 틈이 없다

—「쌀벌레」 일부

이른바 좌와 우라는 의미는 국민에겐 아무런 의미도 아니다. 문제는 얼마나 잘 살게 그리고 정의롭게 사회를 만들었는가에 의미가 있을 뿐이다. 한쪽만을 쳐다보는 사시(斜視)의 지도자가 고집으로 끌고 가는 일은 비극의 단초이다. 자기 패거리들이 살판났다고 패당을 짓는 일은 이미 지도력을 상실했고 이 여파는 모두 국민이 짊어져야 하는 데서 비극이다. 젊은이들의 '일자리가 없다'에 이르면 참담한 일이다. 국민의 세금으로 퍼주는 일은 하수 중의 하수의 지도력이다. 이는 내일에 고통으로 모두 맞아들이는 현상이기 때문이다.

줄 없고 비빌 곳 없는 국민 진짜 살기 힘들다.
경제적 수치와 통계가 낮고 어렵게 나왔다.
옳지 않다고 내쫓았다.
무엇이 잘못되었단 말인가?

빽 없고 일 없는 국민은 더 살기 어려워졌다.
경제적 수치와 통계가 좋고 살만하다고 나왔다.
잘했다고 높은 자리에 앉혔다.
무엇이 바르고 옳다는 말인가?

노조와 교조는 높은 연봉 받고 이 말 저 말 다 하는데

진짜 노동자 고향 가기 틀렸고
매년 나오던 명절상여금은 국물조차 없단다.

한번 물어봅시다.

누가 옳은지?
누가 그 자리에 남고, 누가 쫓겨나야 하는지?
가도 너무 가는 건 아닌지?

—「한번 물어봅시다」 전문

탄식의 푸념이다. 어디 물어야 할까 그것을 몰라서가 아니다. 무지와 무식이 지배하는 패거리 도당들의 어천가만 판을 치는 현실에서 시인은 탄식에 나갈 길이 없다. 어디로 물어야 답을 찾고 어디에 말해야 할까 세금은 올라가고 무상이라는 달콤한 퍼주기에 결과는 불문가지(不問可知)일 때, 이 탄식에는 시간이 없다. 말이 좋은 민주노조와 전교조의 횡포 앞에 망연함이 오늘의 실정이라면 우리가 찾는 정의는 지금 어디서 고통에 숨을 몰아쉬고 있는가? 〈한번 물어봅시다〉의 대상을 몰라서가 아니라 뻔한 사실에 외고집으로 국민을 괴롭히는 자칭 정의론자들의 독선은 이미 한계를 넘어 침몰에 가까워지고 있다. 조영웅 시인은 깨어 있어 그의 시가 빛난다.

3. 에필로그 –절제와 투명성

독일 뮐러의 시 24편에 곡을 붙인 슈베르트의「겨울 나그네」는 이름 그대로 겨울의 나그네만은 아니다.「편히 쉬어」,「풍향가」,「얼어붙은 눈물」,「보리수」 등 24개의 곡으로 된 연가곡이다. 이 표제를 시집 제목으로 쓴 이유는 겨울에서 봄의 가락을 찾으려는 노래의 암시가 담겨있는 것 같다.

전반적으로 시의 형태가 짧아지는 것은 그가 원숙한 정신의 깊이로 들어가고 있음을 암시한다. 왜냐하면 지리멸렬(支離滅裂)한 다변(多辯)은 시가 아닐 수 있을 것이다. 또한 그리움의 정서가 거리(距離)를 만들고 애타는 마음이 사랑으로 도달하려는 발심(發心)이 매우 진지하고 투명하다. 이울러 사물에 성찰의 눈빛이 형형(炯炯)할 때, 조영웅 시인의 시는 고답(高踏)의 높이를 펄럭이는 의미가 유난하다.

문학세계대표작가선 888

겨울 나그네를 듣는다

조영웅 제15시집

인쇄 1판 1쇄 2019년 6월 20일
발행 1판 1쇄 2019년 6월 27일

지 은 이 : 조영웅
펴 낸 이 : 김천우
펴 낸 곳 : 도서출판 천우
등 록 : 1992. 2. 15. 제1-1307호
주 소 : 서울시 성동구 무학봉28길 6 금용빌딩 2F
전 화 : 02)2298-7661
팩 스 : 02)2298-7665
http://moonhak.wla.or.kr
E-mail : chunwo@hanmail.net

값 10,000원

*이 책은 강원도, 강원문화재단 후원으로 발간되었습니다.

ISBN 978-89-7954-770-2

이 도서의 국립중앙도서관 출판예정도서목록(CIP)은 서지정보유통지원시스템 홈페이지(http://seoji.nl.go.kr)와 국가자료공동목록시스템(http://www.nl.go.kr/kolisnet)에서 이용하실 수 있습니다. (CIP제어번호: CIP2019024266)